Planner
June 2022 – July 2023

D1570339

June 2022

S	M	T	W	T	F	S
			1	2	3	4
5	6	7	8	9	10	11
12	13	14	15	16	17	18
19	20	21	22	23	24	25
26	27	28	29	30		

BE MINDFUL
BE
Grateful
BE KIND
BE POSITIVE

1	Jun
Wednesday	

2	Jun
Thursday	

3	Jun
Friday	

4	Jun
Saturday	

5	Jun
Sunday	

6	Jun
Monday	

7	Jun
Tuesday	

8	Jun
Wednesday	

9	Jun
Thursday	

10	Jun
Friday	

11	Jun
Saturday	

12	Jun
Sunday	

13	Jun
Monday	

14	Jun
Tuesday	

15 | Jun

Wednesday

---

16 | Jun

Thursday

---

17 | Jun

Friday

---

18 | Jun

Saturday

---

19 | Jun

Sunday

---

20 | Jun

Monday

---

21 | Jun

Tuesday

22	Jun

Wednesday

23	Jun

Thursday

24	Jun

Friday

25	Jun

Saturday

26	Jun

Sunday

27	Jun

Monday

28	Jun

Tuesday

29 | Jun

Wednesday

30 | Jun

Thursday

July 2022

S	M	T	W	T	F	S
					1	2
3	4	5	6	7	8	9
10	11	12	13	14	15	16
17	18	19	20	21	22	23
24	25	26	27	28	29	30
31						

1	Jul

Friday

2	Jul

Saturday

3	Jul

Sunday

4	Jul

Monday

5	Jul

Tuesday

6	Jul

Wednesday

7	Jul

Thursday

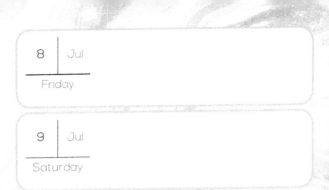

8	Jul
Friday	

9	Jul
Saturday	

10	Jul
Sunday	

11	Jul
Monday	

12	Jul
Tuesday	

13	Jul
Wednesday	

14	Jul
Thursday	

15 | Jul
Friday

16 | Jul
Saturday

17 | Jul
Sunday

18 | Jul
Monday

19 | Jul
Tuesday

20 | Jul
Wednesday

21 | Jul
Thursday

22 | Jul

Friday

---

23 | Jul

Saturday

---

24 | Jul

Sunday

---

25 | Jul

Monday

---

26 | Jul

Tuesday

---

27 | Jul

Wednesday

---

28 | Jul

Thursday

29 | Jul

Friday

30 | Jul

Saturday

31 | Jul

Sunday

August 2022

S	M	T	W	T	F	S
	1	2	3	4	5	6
7	8	9	10	11	12	13
14	15	16	17	18	19	20
21	22	23	24	25	26	27
28	29	30	31			

BREATHE, DARLING
THIS IS JUST A Chapter
NOT THE WHOLE Story

1	Aug

Monday

2	Aug

Tuesday

3	Aug

Wednesday

4	Aug

Thursday

5	Aug

Friday

6	Aug

Saturday

7	Aug

Sunday

8	Aug

Monday

9	Aug

Tuesday

10	Aug

Wednesday

11	Aug

Thursday

12	Aug

Friday

13	Aug

Saturday

14	Aug

Sunday

15 | Aug

Monday

---

16 | Aug

Tuesday

---

17 | Aug

Wednesday

---

18 | Aug

Thursday

---

19 | Aug

Friday

---

20 | Aug

Saturday

---

21 | Aug

Sunday

22	Aug
Monday	

23	Aug
Tuesday	

24	Aug
Wednesday	

25	Aug
Thursday	

26	Aug
Friday	

27	Aug
Saturday	

28	Aug
Sunday	

29 | Aug

Monday

30 | Aug

Tuesday

31 | Aug

Weanesday

September 2022

S	M	T	W	T	F	S
				1	2	3
4	5	6	7	8	9	10
11	12	13	14	15	16	17
18	19	20	21	22	23	24
25	26	27	28	29	30	

DO WHAT MAKES YOUR Soul SHINE

1	Sep

Thursday

2	Sep

Friday

3	Sep

Saturday

4	Sep

Sunday

5	Sep

Monday

6	Sep

Tuesday

7	Sep

Wednesday

8	Sep

Thursday

9	Sep

Friday

10	Sep

Saturday

11	Sep

Sunday

12	Sep

Monday

13	Sep

Tuesday

14	Sep

Wednesday

15	Sep

Thursday

16	Sep

Friday

17	Sep

Saturday

18	Sep

Sunday

19	Sep

Monday

20	Sep

Tuesday

21	Sep

Wednesday

22	Sep
Thursday	

23	Sep
Friday	

24	Sep
Saturday	

25	Sep
Sunday	

26	Sep
Monday	

27	Sep
Tuesday	

28	Sep
Wednesday	

29 | Sep

Thursday

30 | Sep

Friday

October 2022

S	M	T	W	T	F	S
						1
2	3	4	5	6	7	8
9	10	11	12	13	14	15
16	17	18	19	20	21	22
23	24	25	26	27	28	29
30	31					

1	Oct
Saturday	

2	Oct
Sunday	

3	Oct
Monday	

4	Oct
Tuesday	

5	Oct
Wednesday	

6	Oct
Thursday	

7	Oct
Friday	

8 | Oct

Saturday

---

9 | Oct

Sunday

---

10 | Oct

Monday

---

11 | Oct

Tuesday

---

12 | Oct

Wednesday

---

13 | Oct

Thursday

---

14 | Oct

Friday

15	Oct
Saturday	

16	Oct
Sunday	

17	Oct
Monday	

18	Oct
Tuesday	

19	Oct
Wednesday	

20	Oct
Thursday	

21	Oct
Friday	

22	Oct
Saturday	

23	Oct
Sunday	

24	Oct
Monday	

25	Oct
Tuesday	

26	Oct
Wednesday	

27	Oct
Thursday	

28	Oct
Friday	

29 | Oct

Saturday

30 | Oct

Sunday

31 | Oct

Monday

November 2022

S	M	T	W	T	F	S
		1	2	3	4	5
6	7	8	9	10	11	12
13	14	15	16	17	18	19
20	21	22	23	24	25	26
27	28	29	30			

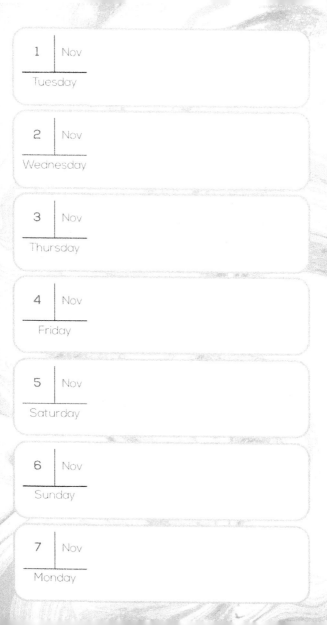

1	Nov
Tuesday	

2	Nov
Wednesday	

3	Nov
Thursday	

4	Nov
Friday	

5	Nov
Saturday	

6	Nov
Sunday	

7	Nov
Monday	

8 | Nov

Tuesday

9 | Nov

Wednesday

10 | Nov

Thursday

11 | Nov

Friday

12 | Nov

Saturday

13 | Nov

Sunday

14 | Nov

Monday

15	Nov
Tuesday	

16	Nov
Wednesday	

17	Nov
Thursday	

18	Nov
Friday	

19	Nov
Saturday	

20	Nov
Sunday	

21	Nov
Monday	

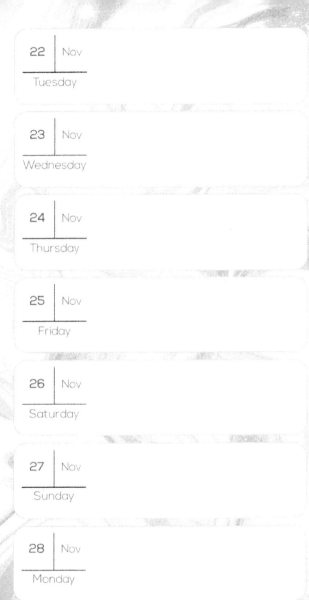

22	Nov
Tuesday	

23	Nov
Wednesday	

24	Nov
Thursday	

25	Nov
Friday	

26	Nov
Saturday	

27	Nov
Sunday	

28	Nov
Monday	

29 | Nov

Tuesday

---

30 | Nov

Wednesday

December 2022

S	M	T	W	T	F	S
				1	2	3
4	5	6	7	8	9	10
11	12	13	14	15	16	17
18	19	20	21	22	23	24
25	26	27	28	29	30	31

1	Dec
Thursday	

2	Dec
Friday	

3	Dec
Saturday	

4	Dec
Sunday	

5	Dec
Monday	

6	Dec
Tuesday	

7	Dec
Wednesday	

8	Dec

Thursday

9	Dec

Friday

10	Dec

Saturday

11	Dec

Sunday

12	Dec

Monday

13	Dec

Tuesday

14	Dec

Wednesday

15 | Dec
Thursday

16 | Dec
Friday

17 | Dec
Saturday

18 | Dec
Sunday

19 | Dec
Monday

20 | Dec
Tuesday

21 | Dec
Wednesday

22	Dec

Thursday

23	Dec

Friday

24	Dec

Saturday

25	Dec

Sunday

26	Dec

Monday

27	Dec

Tuesday

28	Dec

Wednesday

29 | Dec

Thursday

---

30 | Dec

Friday

---

31 | Dec

Saturday

_____

_____

_____

_____

_____

_____

_____

_____

_____

January 2023

S	M	T	W	T	F	S
1	2	3	4	5	6	7
8	9	10	11	12	13	14
15	16	17	18	19	20	21
22	23	24	25	26	27	28
29	30	31				

1	Jan
Sunday	

2	Jan
Monday	

3	Jan
Tuesday	

4	Jan
Wednesday	

5	Jan
Thursday	

6	Jan
Friday	

7	Jan
Saturday	

8 | Jan
Sunday

9 | Jan
Monday

10 | Jan
Tuesday

11 | Jan
Wednesday

12 | Jan
Thursday

13 | Jan
Friday

14 | Jan
Saturday

15	Jan
Sunday	

16	Jan
Monday	

17	Jan
Tuesday	

18	Jan
Wednesday	

19	Jan
Thursday	

20	Jan
Friday	

21	Jan
Saturday	

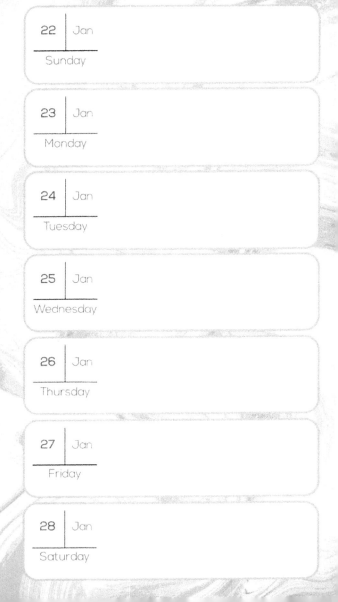

22	Jan
Sunday	

23	Jan
Monday	

24	Jan
Tuesday	

25	Jan
Wednesday	

26	Jan
Thursday	

27	Jan
Friday	

28	Jan
Saturday	

29 | Jan

Sunday

---

30 | Jan

Monday

---

31 | Jan

Tuesday

February 2023

S	M	T	W	T	F	S
			1	2	3	4
5	6	7	8	9	10	11
12	13	14	15	16	17	18
19	20	21	22	23	24	25
26	27	28				

1	Feb

Wednesday

2	Feb

Thursday

3	Feb

Friday

4	Feb

Saturday

5	Feb

Sunday

6	Feb

Monday

7	Feb

Tuesday

| 8 | Feb |
| Wednesday | |

| 9 | Feb |
| Thursday | |

| 10 | Feb |
| Friday | |

| 11 | Feb |
| Saturday | |

| 12 | Feb |
| Sunday | |

| 13 | Feb |
| Monday | |

| 14 | Feb |
| Tuesday | |

15 | Feb

Wednesday

---

16 | Feb

Thursday

---

17 | Feb

Friday

---

18 | Feb

Saturday

---

19 | Feb

Sunday

---

20 | Feb

Monday

---

21 | Feb

Tuesday

22	Feb
Wednesday

23	Feb
Thursday

24	Feb
Friday

25	Feb
Saturday

26	Feb
Sunday

27	Feb
Monday

28	Feb
Tuesday

March 2023

S	M	T	W	T	F	S
			1	2	3	4
5	6	7	8	9	10	11
12	13	14	15	16	17	18
19	20	21	22	23	24	25
26	27	28	29	30	31	

KEEP
Going
KEEP
Growing

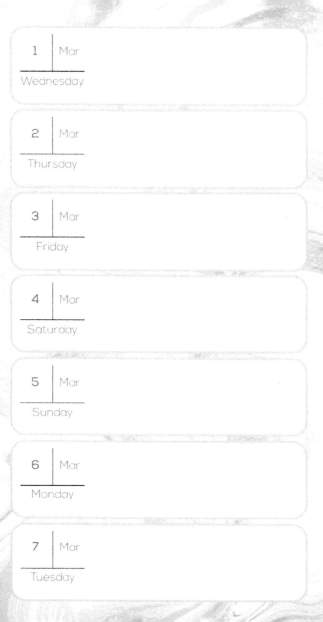

1	Mar
Wednesday	

2	Mar
Thursday	

3	Mar
Friday	

4	Mar
Saturday	

5	Mar
Sunday	

6	Mar
Monday	

7	Mar
Tuesday	

8 | Mar
Wednesday

9 | Mar
Thursday

10 | Mar
Friday

11 | Mar
Saturday

12 | Mar
Sunday

13 | Mar
Monday

14 | Mar
Tuesday

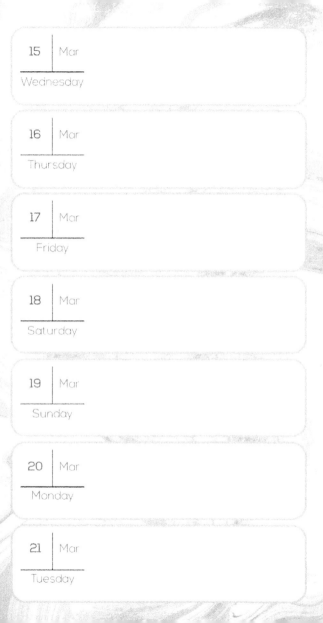

15	Mar
Wednesday	

16	Mar
Thursday	

17	Mar
Friday	

18	Mar
Saturday	

19	Mar
Sunday	

20	Mar
Monday	

21	Mar
Tuesday	

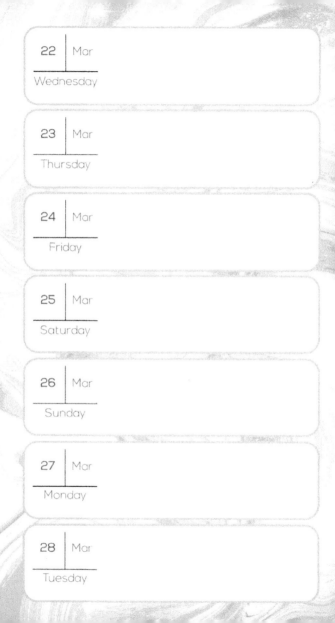

22 | Mar
_____
Wednesday

23 | Mar
_____
Thursday

24 | Mar
_____
Friday

25 | Mar
_____
Saturday

26 | Mar
_____
Sunday

27 | Mar
_____
Monday

28 | Mar
_____
Tuesday

29 | Mar

Wednesday

---

30 | Mar

Thursday

---

31 | Mar

Friday

April 2023

S	M	T	W	T	F	S
						1
2	3	4	5	6	7	8
9	10	11	12	13	14	15
16	17	18	19	20	21	22
23	24	25	26	27	28	29
30						

1	Apr

Saturday

2	Apr

Sunday

3	Apr

Monday

4	Apr

Tuesday

5	Apr

Wednesday

6	Apr

Thursday

7	Apr

Friday

8	Apr
Saturday	

9	Apr
Sunday	

10	Apr
Monday	

11	Apr
Tuesday	

12	Apr
Wednesday	

13	Apr
Thursday	

14	Apr
Friday	

15	Apr
Saturday	

16	Apr
Sunday	

17	Apr
Monday	

18	Apr
Tuesday	

19	Apr
Wednesday	

20	Apr
Thursday	

21	Apr
Friday	

22	Apr
Saturday	

23	Apr
Sunday	

24	Apr
Monday	

25	Apr
Tuesday	

26	Apr
Wednesday	

27	Apr
Thursday	

28	Apr
Friday	

29 | Apr

Saturday

30 | Apr

Sunday

May 2023

S	M	T	W	T	F	S
	1	2	3	4	5	6
7	8	9	10	11	12	13
14	15	16	17	18	19	20
21	22	23	24	25	26	27
28	29	30	31			

MAKE TODAY Amazing

1	May
Monday	

2	May
Tuesday	

3	May
Wednesday	

4	May
Thursday	

5	May
Friday	

6	May
Saturday	

7	May
Sunday	

| 8 | May |
| Monday | |

| 9 | May |
| Tuesday | |

| 10 | May |
| Wednesday | |

| 11 | May |
| Thursday | |

| 12 | May |
| Friday | |

| 13 | May |
| Saturday | |

| 14 | May |
| Sunday | |

15	May
Monday	

16	May
Tuesday	

17	May
Wednesday	

18	May
Thursday	

19	May
Friday	

20	May
Saturday	

21	May
Sunday	

22	May
Monday	

23	May
Tuesday	

24	May
Wednesday	

25	May
Thursday	

26	May
Friday	

27	May
Saturday	

28	May
Sunday	

29	May

Monday

30	May

Tuesday

31	May

Wednesday

June 2023

S	M	T	W	T	F	S
				1	2	3
4	5	6	7	8	9	10
11	12	13	14	15	16	17
18	19	20	21	22	23	24
25	26	27	28	29	30	

START THE DAY thinking ABOUT ALL THAT YOU ARE INSTEAD OF ALL THAT YOU ARE not

1	Jun
Thursday	

2	Jun
Friday	

3	Jun
Saturday	

4	Jun
Sunday	

5	Jun
Monday	

6	Jun
Tuesday	

7	Jun
Wednesday	

8	Jun

Thursday

9	Jun

Friday

10	Jun

Saturday

11	Jun

Sunday

12	Jun

Monday

13	Jun

Tuesday

14	Jun

Wednesday

15	Jun
Thursday	

16	Jun
Friday	

17	Jun
Saturday	

18	Jun
Sunday	

19	Jun
Monday	

20	Jun
Tuesday	

21	Jun
Wednesday	

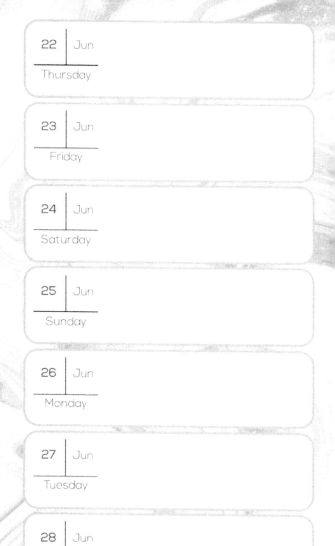

| 22 | Jun |
| Thursday |

| 23 | Jun |
| Friday |

| 24 | Jun |
| Saturday |

| 25 | Jun |
| Sunday |

| 26 | Jun |
| Monday |

| 27 | Jun |
| Tuesday |

| 28 | Jun |
| Wednesday |

29 | Jun

Thursday

30 | Jun

Friday

July 2023

S	M	T	W	T	F	S
						1
2	3	4	5	6	7	8
9	10	11	12	13	14	15
16	17	18	19	20	21	22
23	24	25	26	27	28	29
30	31					

START THIS DAY WITH A GRATEFUL heart

1	Jul
Saturday

2	Jul
Sunday

3	Jul
Monday

4	Jul
Tuesday

5	Jul
Wednesday

6	Jul
Thursday

7	Jul
Friday

8	Jul
Saturday	

9	Jul
Sunday	

10	Jul
Monday	

11	Jul
Tuesday	

12	Jul
Wednesday	

13	Jul
Thursday	

14	Jul
Friday	

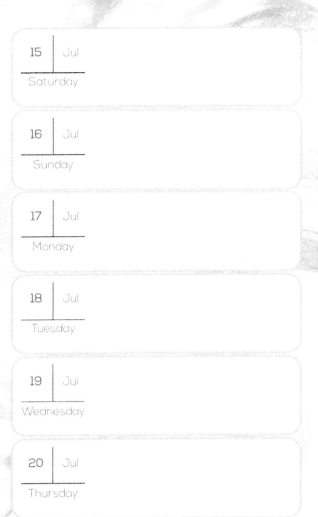

15 | Jul
Saturday

16 | Jul
Sunday

17 | Jul
Monday

18 | Jul
Tuesday

19 | Jul
Wednesday

20 | Jul
Thursday

21 | Jul
Friday

22	Jul
Saturday	

23	Jul
Sunday	

24	Jul
Monday	

25	Jul
Tuesday	

26	Jul
Wednesday	

27	Jul
Thursday	

28	Jul
Friday	

29	Jul

Saturday

30	Jul

Sunday

31	Jul

Monday